ALFRED DE MUSSET

197. — PARIS. — IMPRIMERIE POUPART-DAVYL ET Cie.,

Rue du Bac, 30.

ALFRED DE MUSSET

L'HOMME — LE POËTE

ADOLPHE PERREAU

P. M.

PARIS

LIBRAIRIE POULET-MALASSIS

97, RUE RICHELIEU, 97

———

1862

A M. JULES BARBEY D'AUREVILLY

C'est à vous que je dédie cette étude d'un poëte qui nous est cher, — comme il doit l'être, par le temps qui court des phraseurs à la glace, — et dont nous avons si souvent parlé ! Souffrez-moi la fatuité de croire que vous l'accueillerez avec grâce, sinon avec tout le plaisir que j'ai à vous l'offrir. Écrire le nom de l'auteur de L'ENSORCELÉE sur la première page de ce livre serait déjà une bonne fortune, si ce n'était, avant tout, pour moi l'occasion de me montrer et de me dire hautement

Votre très-respectueux et très-dévoué

A. P.

Paris, septembre 1861.

ALFRED DE MUSSET

I

Notre siècle semble en avoir fini avec ces rêveurs,
ces chanteurs qui traversaient autrefois la vie une
lyre à la main, — ces créateurs, — pour traduire
exactement le beau nom que la Grèce leur avait consa-
cré, — dont nous disons aujourd'hui avec trop de dé-
dain peut-être : « Ce sont des poëtes. » La foule les
coudoie avec indifférence, souvent même avec mépris.
— Comme elle ne voit pas les ailes de ces séraphins
pensifs, elle ne veut plus croire qu'ils puissent s'élever
au-dessus d'elle et monter à certaines heures vers un
ciel qu'elle ne connaît pas, et d'où un jour ils sont
tombés. — Elle ne saurait plus s'imaginer qu'il y aura
toujours dans le monde un coin d'azur pour les poëtes,
comme un bouquet de feuillage vert pour les rossi-

gnols, — et l'incrédule passe sur leur corps sans les entendre, et sourit quand le dernier mot de leur agonie est celui de Chénier se frappant le front en face de l'échafaud : « J'avais pourtant quelque chose là ! »

Aussi hésite-t-on à parler même d'un poëte qui domine le monde du piédestal de la mort. — L'auteur de cette étude est convaincu cependant qu'il y aurait presque un livre à écrire, — et un livre psychologique autant que critique, — sur ce Chérubin endiablé, — sur cet ange noir, — sur ce cygne mélancolique qui a nom Alfred de Musset. — Si à côté d'*eux* on fait par instants passer l'homme, — cet homme trop calomnié ou trop défendu, — et toujours mal jugé, — des contrastes éclatent en pleine lumière, et avec eux une des plus curieuses natures, — la plus vraie nature de poëte, — de notre temps. — Puis, à la fin de tout cela un phénomène qui étonnera les censeurs de mœurs, et d'où il sort que le débauché, dont le manteau a trempé dans la fange du ruisseau, — peut, à l'heure de sa mort, se coucher dans la robe blanche d'une mystérieuse chasteté.

Peut-être voit-on déjà le fond de cette étude. — Elle n'emporte pas avec elle que de Musset : c'est une étude des poëtes en même temps que celle d'un seul. Si elle est à écrire, la voici.

II

Lorsque naquit Alfred de Musset (décembre 1810), deux grandes ombres couvraient l'Europe : l'ombre armée d'un conquérant, et l'ombre orgueilleuse d'un poëte, — celles de Napoléon et de lord Byron.

« A cette époque, dit lui-même l'*enfant du siècle*, — pendant que les maris et les frères combattaient en Allemagne, les mères mettaient au monde une génération pâle, — nerveuse. » Et la vérité est que les fem-, mes, qui se ressentaient elles-mêmes d'avoir été conçues dans le bouleversement d'une terrible révolution, ne concevaient à leur tour, — dans les secousses des guerres de l'Empire, entre les dangers de deux batailles, que des délicats et des nerveux. — Les enfants grandissaient aux roulements des tambours, — dans la surexcitation continuelle où Napoléon tenait l'Empire, — d'abord au milieu des angoisses où la campagne de Russie plongeait les mères ; — plus tard (ils commençaient déjà à comprendre quel homme remplissait le monde), dans les battements de cœur que la campagne de France causait à tous, — aux plus jeunes comme aux aînés. — C'est alors que le père s'échappait du champ de bataille, le sabre encore hors du fourreau, et venait vite embrasser ses fils avant de retourner au combat; — et le fils avait alors ses jeux favoris : la crinière d'un casque et la dragonne d'une épée. — Le lendemain, le bruit sourd du canon arrivait jusqu'à lui, et, surprenant sa mère en larmes, il pleurait aussi tout en ne rêvant que guerres et que victoires. — Puis, un jour, un grand silence se fit partout : l'épée du capitaine, — et avec elle le sceptre de l'Empereur, — s'était brisée à Waterloo. — A ce silence morne et profond succéda une agitation de quelques heures, — et tout rentra dans le repos. — Mais les enfants tremblaient et frémissaient encore, comme les feuilles de l'arbre où le vent d'orage a passé, — et ils n'en restèrent que plus pâles et plus nerveux.

Le règne de l'action était fini, — le règne du rêve commençait. — Napoléon tombé laissa tout le soleil à Byron qu'il masquait. — L'esprit, que les événements ne dominaient plus dans le calme où la France respirait, put vagabonder en toute liberté ; — et s'ouvrit au scepticisme qui soufflait de l'autre côté de la Méditerranée. De là, cette effervescence dont les colléges bouillonnaient, — ces railleries et ces blasphèmes que des jeunes gens « de quinze ans, assis sous des églantiers en fleurs » crachaient sur toutes les religions. — On ne pouvait plus être fanfaron de bravoure militaire, — comme ce Murat qui allait au feu en habit de bal et une simple cravache à la main, on se fit fanfaron de vices, comme de Musset, dont l'enfance avait traversé toute cette période si remplie, qu'il nous a été nécessaire de traverser rapidement avec lui. — S'il est vrai que les circonstances font les hommes, il est vrai aussi, dans un autre sens , qu'elles forment un côté de la nature d'un poëte , — surtout quand elles la prennent à l'âge où elle se moule aux impressions qu'elle reçoit.

III

Que parlais-je tout à l'heure de calme et de repos! Au sein de cette jeunesse un nouveau tumulte s'éleva, mais bien différent du premier : c'était l'esprit qui profitait de sa liberté pour accomplir une révolution littéraire, — et bientôt une guerre fut déclarée, pleine de chocs et de combats, qui demeurera célèbre dans l'histoire de la poésie. — Les insurgés s'appelaient *les romantiques* , — et brisaient les statues de Racine et de Boileau.

Dès le commencement de la lutte, on remarqua parmi eux un beau jeune homme de dix-neuf ans, aux longs cheveux blonds ondés, — à l'œil bleu et clair, — au sourire fin et railleur. Son premier coup de feu partit et fut terrible : *les classiques* frémirent d'épouvante et d'indignation.

Cet impitoyable adolescent était Alfred de Musset, et la balle, qui fit tant de blessés dans le camp ennemi, *la Ballade à la lune.*

Disons-le, les classiques obstinés ne sentirent ou ne

voulurent sentir de cette ballade que ce qui les atteignait mortellement. — Ils n'eurent même pas le bon goût de se consoler avec quelques strophes charmantes, où la grâce joue avec la fraîcheur comme un rayon de soleil avec la rosée :

Oh ! sous le vert platane,
Sous les frais coudriers,
Diane
Et ses grands lévriers !

Diane chasseresse,
Blanche, au sein virginal,
Qui presse
Quelque cerf matinal.

Et plus loin :

Va, lune moribonde,
Le beau corps de Phœbé
La blonde
Dans la mer est tombé.

. . . .

Phœbé qui, la nuit close,
Aux lèvres du berger
Se pose
Comme un oiseau léger.

Non ; — tout ce que virent les défenseurs de Racine et les admirateurs de la poétique de Despréaux :

Ce fut par la nuit brune
Sur le clocher jauni
La lune,
Comme un point sur un i.

Et ils ne pouvaient pardonner à ce Murat littéraire de dix-neuf ans, qui cavalcadait devant eux avec la plus élégante et la plus spirituelle impertinence.

Plein de jeunesse et de fantaisie, Alfred de Musset ne s'arrêta pas en si bon chemin. — Il commença à jongler avec les stylets damasquinés, dont la pointe étincelle dans le *don Juan* de Byron. — Byron le dandy, le fat sublime , — le grand persifleur, devint pour un moment l'âme de ce lion adolescent, de ce fat naissant, de ce moqueur inexorable qui écrivit *Mardoche* avec l'encre rosé du caprice le plus insouciant.

Pauvre Mardoche !

Il n'avait vu ni Kean, ni Bonaparte, ni
Monsieur de Metternich . . . . . . ;

mais il devait pousser le sarcasme jusqu'à faire son entremetteur du pieux curé de Meudon.

Le byronien était doublé de La Fontaine. Ne vous l'ai-je pas dit ? le Chérubin de cette époque avait le diable au corps.

Mais il y a plus en lui que l'imitation gracieuse et entraînante, — il y a un feu sacré qui, pour s'allumer, n'a besoin d'aucun autre; — il y a plus qu'un sentiment de libertinage adultère, — il y a la passion qui flambera à son tour. — Et d'abord c'est *Don Paez*, dont les vers brûleront le papier ; — c'est *Portia*, qui emportera l'imagination dans le ciel de l'horreur, — l'horreur a son ciel aussi, — et de l'amour insensé.— Non que je prétende qu'on n'y retrouve pas parfois la désinvolture de Byron ; — mais vous en remarquerez une autre aussi cavalière, — aussi passionnée et plus française, — c'est celle de de Musset. Qui de nous a oublié ce tableau de chambre voluptueuse éclairée par la lune, dont

> . . . . La lueur souple et molle
> Glissait aux trèfles gris de l'ogive espagnole.

Quel désordre affolant? Regardez plûtôt :

> Des marbres, des tapis montant jusqu'aux lambris ;
> Çà et là les flacons d'un souper en débris ;
> Des vins, mille parfums, à terre une mandore
> Qu'on venait de quitter, et frémissant encore
> De même que le sein d'une femme frémit
> Après qu'elle a dansé. . . . .

Et ce n'est pas tout, allez !

> . . . . Frère, vous auriez pu
> Dans l'ombre transparente entrevoir un pied nu...
> Il était si petit qu'un enfant l'eût pu prendre
> Dans sa main. . . . .

Il faudrait tout citer, et encore, pour qui veut con-
naître ou même se rappeler, il vaudrait mieux lire.

Ne vous souvient-il pas aussi de cette peinture de
corps de garde, qui fume, qui joue, qui ribote et qui
dort jusqu'à ce que s'éveille en bâillant

Un dragon jaune et bleu qui dormait dans du foin?

Et ce duel, où l'on se sent étouffé dans l'embras-
sement qui fait râler don Etur?

Et ce tableau, le dernier, où la Juana d'Orvado attend
son amant, la Juana échevelée :

. . . . . . On dirait à la voir
Une jeune guerrière avec son casque noir.

Croyez-vous que Chénier, dans ses meilleures inspirations, eût dédaigné ce vers-là ou ne l'aurait pas
admiré chez un autre?

Pour nous, *Don Paez* est le poëme-roi des premières
pages d'Alfred de Musset : il précède *Portia* en valeur
comme dans l'ordre du volume, quoique *Portia* ait
plus de *fini*. Et cependant, si nous avions à détailler
une critique au lieu de jeter l'ensemble d'une œuvre,
nous aurions tôt fait d'y reconnaître à plus d'un trait le
poëte de *Don Paez*.

C'était le temps où Victor Hugo trônait sous le dais de son grand salon de la place Royale. Charles Nodier, Alfred de Vigny, Sainte-Beuve, Emile et Antony Deschamps, Ulric Guttinguer et deux ou trois autres étaient les initiés de ce cénacle du *romantisme*. On y parlait beaucoup de poésie, on en lisait encore plus.

Un jour, le maître était déjà assis dans son fauteuil d'honneur, lorsque Nodier entra avec le casseur de verres et de vers, qui avait si insolemment brisé les vitres des classiques dans la *Ballade à la lune*.

M. Hugo l'accueillit avec ces éloges trop exagérés pour être sérieux dont il payait si bien les hommages des jeunes enthousiastes. Au reste, de Musset ne se prosterna point, et je gage qu'en ce moment sa fierté, — car il était fier comme un gentilhomme, — dut étrangement sourire. Il apportait un manuscrit, et le poëte des *Feuilles d'automne* fut des premiers à en réclamer la lecture. Ce manuscrit, c'était *Don Paez*, dont M. Hugo écouta le commencement avec un sourire de bienveillance et la fin d'un visage plus inquiet ; — c'était *Portia*, qui l'assombrit davantage ; — enfin, c'était l'*Andalouse*, qui mit le comble aux bravos et aux applaudissements du cénacle, — le maître excepté.

De Musset n'avait pas besoin d'espace, en effet, pour

que la fleur de sa poésie eût le temps de s'épanouir. Il
avait des airs de « bel oiseau bleu chantant la romance
à madame, » qui doivent rendre la Chanson honteuse
de plus d'un bonhomme célèbre qui l'a eue à ses
ordres. Cet oiseau bleu avait des ailes et s'envolait
pour chanter dans l'azur enflammé du rêve et de la
passion. Et, ne vous y trompez pas, ces romances,
auxquelles nous aurons occasion de revenir, ces fleu-
rettes semées par intervalles, ont pour les délicats un
parfum aussi original qu'enivrant. Nous ne parlons pas
seulement de l'*Andalouse* ; mais *Madrid*, mais *Madame la Marquise*, sans anticiper sur celles que nous
cueillerons tout à l'heure, que vous en semble ?

Tout cela n'est que l'*Andalouse* cependant, mais
avec des variations qu'on ne saurait se lasser d'entendre.

> Or, si d'aventure on s'enquête
> Qui m'a vallu telle conquête :
> C'est l'allure de mon cheval, -
> Un compliment sur sa mantille,
> Puis des bonbons à la vanille
> Par un beau soir de carnaval.

Adorable impertinent ! c'est un bouquet de violettes
de Parme jeté au visage d'une femme. Que voulez-vous
qu'elle ait à faire, sinon à le ramasser en souriant ?

Des pudibonds, — nous en savons quelques-uns, —
appellent libertinage l'inspiration de ces romances de
« page amoureux d'une fée. » On ne peut victorieu-
sement leur répondre qu'en chantant :

Vous connaissez que j'ai pour mie
Une Andalouse à l'œil lutin,
Que sur mon sein tout endormie
Je la berce jusqu'au matin.

Gais chérubins, veillez sur elle ;
Planez, oiseaux, sur notre nid ;
Dorez du reflet de votre aile
Son doux sommeil que Dieu bénit !

. . . .

Oh ! viens ! dans mon âme froissée,
Qui saigne encor d'un mal bien grand,
Viens verser ta blanche pensée,
Comme un ruisseau dans un torrent.

Et il ne faut pas chercher beaucoup : ces strophes
de cristal sont dans *Madame la Marquise*, qui d'un
bout à l'autre ne roule que des perles de cette eau.

V

Au reste, le poëte de cette époque, même dans sa
vie, était, nous l'avons déjà dit, un fanfaron de vices,
et non point un vicieux. Il est faux qu'à vingt ans il ait
été *Rolla*, et l'auteur d'un livre malheureusement trop
récent pour être entièrement oublié, et que par respect

nous ne nommerons pas, a sciemment trompé les
gourmets du scandale quand il a prétendu que de Musset était déjà tombé à cet âge dans le ruisseau de la
plus sale débauche. C'est une calomnie qui ne saurait
le flétrir, et, d'un autre côté, ne lave personne ; bien
au contraire, elle fait tache à qui l'invente, et ce n'est
pas la seule.

Alfred de Musset, il nous l'apprend lui-même, eut le
rare bonheur de laisser sa virginité à une femme plus
digne que beaucoup d'autres de cueillir la fleur de sa
jeunesse. Elle le trompa : c'était son métier de femme,
et ce nerveux, à qui toute impression donnait des
spasmes, garda quelques jours une vive blessure. Il
voulut être débauché par dépit, et à cette époque il ne
le put pas : les orgies le dégoûtaient, les courtisanes
lui soulevaient le cœur, l'air seul de la débauche frois-
sait cette sensitive. On peut nous en croire, nous qui
écrivons une étude de la vérité et non point un roman :
il aimait autant les femmes dont on baise les mains à
genoux qu'il méprisait les victoires faciles de coulisses
et de soupers. Il était, en amour, naïf et tendre comme
un écolier, et il le demeura toujours : le libertin profond était lui-même plus tard un vieil enfant, en certaines occasions, et un grand respectueux. Le poëte
cavalier de l'*Andalouse*, fat, du reste, comme Richelieu
après la conquête, pleurait pour un regard qu'il n'ob-
tenait pas, pour une étreinte de main qui lui était
rendue. Nous n'exagérions pas en le nommant tout à
l'heure une sensitive, et quelle qu'ait été sa vie, elle
est tout entière dans les conséquences de ce mot.

Ce fut Brigitte-la-Rose, cette pieuse Brigitte dont l'histoire est contée tout au long dans la *Confession d'un enfant du siècle*, qui consola de Musset de son premier chagrin, dont la tête était plus malade que le cœur. L'imagination tient tant de place chez les poëtes ! C'est elle qui aima Brigitte, cette Charité vivante et poétique ; elle encore qui souffrit quand cette rose des montagnes, transplantée à Paris, se ferma à l'amour qui l'avait épanouie, pour s'ouvrir mystérieusement à un autre. Triste histoire, après tout ! Et peut-être aurions-nous tort d'affirmer que le cœur d'Alfred de Musset n'en a point saigné un peu.

En tout cas, le poëte garda de ces premières amours des tristesses intermittentes et des fièvres nerveuses. Il commença à devenir libertin, parce qu'il commençait à penser que le libertinage seul ne trompait pas. Mais il glissait lentement sur sa pente, et un fil d'amour pouvait l'arrêter.

VI

Ce que j'écris est bon pour les buveurs de bière
Qui jettent la bouteille après le premier verre :
C'est l'histoire d'un fou mort pour avoir aimé
A casser une pipe, après avoir fumé.

Tels sont les premiers vers d'un poëme d'Alfred de Musset (*Suzon*) écrit à cette époque, c'est-à-dire au commencement de 1831. C'est encore du caprice, mais l'encre s'est noircie ; il va railler un bedeau romain par la bouche d'un autre, comme il a fait le bedeau de Meudon par l'intermédiaire de Mardoche ; mais un cynisme enfiellé suintera dans cette raillerie.

Il est étrange comme on trébuche vite pour un gravier qui blesse le pied sur la route, comme on est tôt renversé par une désillusion d'amourette, — est-ce plus qu'un gravier ? — à laquelle le cœur se heurte quelque jour.

Oui, de Musset souffrait alors, nous ne nous trompons pas, et ce chagrin de premières déceptions en éveilla un autre qui le dévora toujours secrètement.

> O médiocrité, celui qui pour tout bien
> T'apporte à ce tripot dégoûtant de la vie
> Est bien poltron au jeu s'il ne dit : Tout ou rien.

Il était né pour semer l'or sur sa route, comme Byron, en traversant l'Europe ; et, ainsi qu'il le disait à certain Marseillais étonné que l'on pût vivre sans métier, il n'avait que ses chansons pour payer ses fantaisies d'existence (1).

Puis, à ces douleurs vint s'ajouter encore une cause de tristesse : le mépris où les arts commençaient déjà à tomber. Le poëte-artiste, le passionné de la musique

---

(1) Il devait, cependant, à l'amitié du duc d'Orléans le titre appointé de bibliothécaire au ministère de l'intérieur. Grâce à elle, aussi, il fut bientôt décoré.

qui le faisait pâmer, l'enthousiaste des vierges de
Raphael et des femmes du Corrége, l'amoureux de
statues s'en plaignait dans la belle langue de Chénier,
en invoquant la Grèce et l'Italie, en criant aux poëtes
de jeter leur lyre, à Weber de mourir et d'aller trouver
dans la tombe Mozart qui l'attendait.

> Tu te gonfles, mon cœur! Des pleurs, le croirais-tu,
> Tandis que j'écrivais ont baigné mon visage.

Vous le voyez bien, il n'y a pas que l'homme de blessé,
et l'ombre de la vie a de plus d'une façon terni le ciel
de l'oiseau bleu.

Au reste, Alfred de Musset avait en tout changé : le
lutin de la *Ballade à la lune* n'était plus ; le batailleur
de *Mardoche* allait saluer d'un dernier sourire
moqueur le drapeau ennemi, et laisser tomber le sien
après un dernier regard.—Il s'assit « sur son tambour
crevé, » pour nous servir de son expression, et n'écouta
plus que le bruit de son cœur.

Pauvre cœur ! il chantait toujours, mais avec plus
de mélancolie, et malgré cela, ou plutôt à cause de
cela, avec un charme plus profond. « Ce n'est point
assez de tant de tristesse, » répond-il à son poëte qui
l'interroge, et dans ses airs les plus amoureux, dans
ceux-là même qu'il eût enlevés naguère avec sa verve
impertinente, la gaieté est voilée d'une larme. Il la
retrouve pourtant, son Andalouse ; mais elle a fait
comme lui, elle a changé.

Ferme tes yeux, tes bras, ton âme ;
Adieu, ma vie, adieu, madame.
Ainsi va le monde ici-bas.

Et adieu aussi, pour trop longtemps, à ces romances toutes pleines du souffle de la vie. La mélancolie est comme certains lacs enchantés et enchanteurs : plus l'on s'y mire, — plus l'on est tenté de s'y noyer. — C'est ce qui arriva à de Musset, — et un jour il écrivit le *Saule*.

Tous les nerveux ont leurs heures d'assoupissement, comme le vent son moment de calme plat quand l'orage est passé. Le *Saule* fut ébauché à une de ces heures. Nous disons ébauché, — car le poëte nous avertit lui-même que ce n'est qu'un fragment. — Poëme achevé ou fragment, qu'importe ! s'il y a là une imagination, — un cœur, — une âme : et de tout cela, n'en doutez pas. — Son imagination ! elle flotte dans les cièux ; comme le nuage. Son cœur ! il y monte, comme l'oiseau las de voltiger sur les buissons en fleurs de la terre. Son âme ! elle s'y évapore comme les parfums de la nuit. Et ici il faut citer ; — vous ne sauriez vous plaindre, après tout, de lire ces vers encore une fois :

Pâle étoile du soir, messagère lointaine,
Dont le front sort brillant des voiles du couchant,
De ton palais d'azur, au sein du firmament,
Que regardes-tu dans la plaine ?

Étoile qui descends sur la verte colline,
Triste larme d'argent du manteau de la Nuit,
Toi que regarde au loin le pâtre qui chemine,
Tandis que pas à pas son long troupeau le suit.
Étoile, où t'en vas-tu dans cette nuit immense ?
Cherches-tu sur la rive un lit dans les roseaux ?
Où t'en vas-tu si belle, à l'heure du silence,
Tomber comme une perle au sein profond des eaux ?
Ah ! si tu dois mourir, bel astre, et si ta tête
Va dans la vaste mer plonger ses blonds cheveux,
Avant de nous quitter, un seul instant arrête,
Étoile de l'amour, ne descends pas des cieux !

Cette étoile, c'est le génie du poëte en ce temps, — le génie de l'ange d'amour qui a aussi son palais d'azur, et va y secouer la poussière de ses ailes. — Hélas ! il en descendra comme elle, — et nous apprendrons trop tôt où cette perle devait tomber.

VII

Nous sommes arrivés, — entraînés par le courant de la vie d'Alfred de Musset, — à des jours dont il est difficile d'écrire l'histoire. — Les laisser dans l'ombre, c'est manquer à la tâche que nous nous sommes faite ; les remettre en lumière, c'est sembler emboucher la trompette de scandales encore mal éteints. — Dieu nous en garde !

Nous aurons pourtant le courage de l'aborder, cette histoire ; — nous la traverserons avec le regard calme de l'impartialité, — et il y a dix raisons pour cela. — La première et la meilleure de toutes est qu'appartenant à une génération qui n'était même pas née lorsqu'elle commence, — nous ne sommes liés par aucune relation passée ni présente. — Nous nous trouvons en face de faits inaltérables et inaltérés, quoique des avocats intéressés aient passé sur eux ; — nous les raconterons dans leur plus intacte vérité.

Une femme se rencontra, sur la route du poëte, dont la célébrité venait d'éclore, — amazone littéraire qui chevauchait sur certaines utopies et les lançait, bride sur le cou, contre des lois et des opinions sociales. Elle n'était plus jeune, — du moins auprès de de Musset, — quelques-uns la disaient belle (1). Quoi qu'il en fût, le hasard réunit l'auteur des *Contes d'Espagne* et la petite fille de Rousseau ; — l'imagination et la nature ardente du premier firent le reste.

Alfred de Musset crut aimer ; — la fièvre chaude de l'illusion le consuma plus terrible que jamais, et la vérité est que, tant qu'on sembla lui résister, il donna les preuves de l'amour le plus insensé. — Il se traînait

(1) Elle devait l'être, en effet. L'occasion, qui nous a deux fois rapproché d'elle dans ces dernières années, nous a permis de comprendre cette beauté énergique et étrange. On est surtout frappé de deux grands yeux presque immobiles qui voient peut-être, mais assurément ne regardent jamais.

chaque jour, suppliant et pleurant, aux genoux de celle qui jouait avec lui à la madame de Warens, — un rôle bien usé dont on abuse encore.

— Mon enfant, disait Lélia, — je suis plus vieille que vous, — surtout de cœur ; — je ne saurais plus aimer... Je pourrais vous servir de mère dans les choses de la vie ; — conservez-moi du moins comme amie, — cela vaut mieux.

Mais ces paroles n'avaient d'autre effet que de grandir la passion du poëte : c'était l'huile versée sur la flamme. Et le lendemain ramenait l'affolé plus obstiné dans sa folie...

Les femmes seraient trop fâchées de ne pas imiter madame de Warens jusqu'au bout. — Un moment vint où Lélia feignit de s'immoler au désir et au bonheur d'un enfant gâté : ce fut le malheur d'Alfred de Musset. Il était capricieux et jaloux, ce passionné, — capricieux par jalousie et jaloux par caprice, avec une femme plus capricieuse que jalouse. — Aussi, les premiers jours eux-mêmes furent-ils pleins d'orage, et les autres les suivirent en leur ressemblant. — Il y avait des *éclaircies*, — comme on dit vulgairement ; — mais c'était tout. — Le poëte ressaisissait alors sa chimère, — et espérait dans un amour plus calme, — qui n'avait qu'un instant. Enfin, il crut que des habitudes de Paris étaient ses trouble-fêtes, et il décida Lélia à s'enfuir avec lui en Italie, — un pays qui guérit encore moins d'amours malades que de pulmoniques.

Toits superbes! froids monuments!
Linceul d'or sur des ossements!
Ci-gît Venise.

Là, mon pauvre cœur est resté.
S'il doit m'en être rapporté,
Dieu le conduise!

C'est un déplorable récit à faire que celui du prétendu
amour qui dort sous cette épitaphe, — amour mal en-
terré même à l'époque où ces vers ont été écrits (mars
1844).

On l'a fait deux fois cependant dans ces dernières
années, — deux fois de trop, — mais avec des diffé-
rénces que vous savez, — vous qui l'avez lu, — que
vous comprendrez, vous autres, les plus sages, qui
êtes restés purs de ce scandale, si l'on vous apprend
que l'un des romans, — nous allions écrire l'un des
dossiers, — a été jeté au public par Lélia elle-même,—
l'autre, par le frère du poëte. — Deux mauvais livres,
— deux mauvaises actions!

— Eh! mon Dieu! madame, — dirons-nous à Lélia,
si besoin il y avait de conter cette histoire, — première question, dont vos meilleurs amis vous ont
donné la réponse, — croyez-vous du moins qu'il était
utile de nous montrer de Musset arrivant à vous, un
pied encore dans une boue épaisse de libertinage et ne
pouvant l'en arracher, — pour expliquer certaines
aventures nocturnes, certaines débauches que nous
voulons bien admettre? — Non, madame; vous n'aviez
inspiré à ce nerveux et à ce sensuel qu'un amour de

nerfs et de sens sur lequel il s'abusa, — et dont vous n'éprouvâtes vous-même rien de plus que le contre-coup. Cet amour-là, quand il est émoussé, — et il s'émousse vite, — laisse le vide après lui, dans le cœur surtout, qui pendant un moment n'a été victime que d'un choc en retour. Voilà ce que le poëte sentait, et ce vide le suppliciait. — Comme son don Juan, il avait rêvé un idéal, l'idéal l'avait fui le lendemain du rêve, — et, comme don Juan alors,

> *Il courait* dans un bouge au sortir d'un boudoir,
> Portant sa lèvre ardente à la prostituée,
> Avant qu'à son balcon donc Elvire éplorée,
> Dans la profonde nuit croyant encor le voir,
> Ait cessé d'agiter sa lampe et son mouchoir.

Et encore serait-il revenu sur ses pas si son Elvire, à lui, avait seulement ouvert la fenêtre.

— Monsieur, — dirons-nous au second, — c'est mal se laver que de piétiner dans le ruisseau pour salir qui vous a éclaboussé. — Les taches restent des deux côtés pour les amateurs d'un pareil spectacle, — et ils sont nombreux ; — quoi de plus ? Au reste, les dupe-ries d'une femme n'expliquent qu'imparfaitement les débauches de l'amant qui sera demain à ses pieds. — Puis, une dupe existait-elle ? — Ils se trompaient si ouvertement, — l'on pourrait dire si franchement, — l'un l'autre, qu'il ne fut entre eux ni trompeur ni trompé. — Si vous avez lu les quelques lignes qui précèdent, vous qui deviez connaitre comme personne celui dont nous parlons, — vous nous avez peut-être compris.

VIII

Qu'on ne demande pas pourquoi cet amour étrange, et plus tard son souvenir, tinrent une si grande place dans la vie d'Alfred de Musset. Il resta où il s'était logé tout d'abord : dans le cerveau ; et dès le jour où une séparation trop retardée devint nécessaire, ce ne fut pas son cœur que le poëte laissa le premier *sous un pavé* de Venise, — ce fut la tête qu'il perdit. Tout le monde a parlé de cette fièvre cérébrale à laquelle il faillit succomber, — et trop de gens ont propagé une ignoble scène que nous voudrions oublier et que nous rappelle malheureusement celle de Belcolore se prostituant sur le cercueil où elle croit son amant mort enfermé. Nous en avons déjà trop dit en quelques mots : lors même que l'on n'absout pas, il vaut mieux garder un silence respectueux pour tous.

C'est à ce temps, en effet, que doit appartenir *la Coupe et les lèvres,* — un poëme où un long monologue de Frank, — après la scène sur laquelle nous avons glissé, — révèle surtout la folie désespérée dont de Musset était atteint. Ce qu'il y a de singulier, ce sont les brises de poésie, fraîches et pures comme celles des montagnes du Tyrol où nous avons été transportés, — qui succèdent au vent destructeur de l'ouragan noir. — Nous ne savons rien de plus délicieusement

2

mélancolique qu'une confidence de Frank au vieux
Gunther, dans ce poëme où l'on entend plus de cris
qu'on ne voit couler de larmes. Il a-revu, le sombre
capitaine qui joue à l'Hamlet, il a revu la petite laitière
qui, un jour, lui jeta pour adieu son bouquet d'églantine.

Le cher ange dormait les lèvres demi-closes.
(Les lèvres des enfants s'ouvrent comme des roses
Au souffle de la nuit.) Ses petits bras lassés
Avaient dans son panier roulé les mains ouvertes.
D'herbes et d'églantine elles étaient couvertes.
De quel rêve enfantin ses sens étaient bercés ?
Je l'ignore. On eût dit qu'en tombant sur sa couche
Elle avait à moitié laissé quelque chanson
Qui revenait encore voltiger sur sa bouche,
Comme un oiseau léger sur la fleur d'un buisson.
Nous étions seuls. J'ai pris ses deux mains dans les miennes,
Je me suis incliné, sans l'éveiller pourtant.
O Gunther ! j'ai posé mes lèvres sur les siennes,
Et puis je suis parti, pleurant comme un enfant.

Ce fut une des plus curieuses facultés d'Alfred de
Musset que de moduler un chant de rossignol l'instant
après avoir poussé un cri d'aiglon sauvage blessé à
mort. Voilà comment il put écrire cette exquise fantaisie qui a pour titre : *A quoi rêvent les jeunes filles*, —
comment il sut revenir avec *Namouna* à des jeux d'enfant terrible qui a reçu de Byron ses premières leçons.

Il est vrai que tout n'est pas jeu dans ce conte de
Namouna, — et quelques pages même sont des plus
belles inspirations de de Musset. — Lovelace, — mais

un Lovelace de dernière main, — y passe rapidement avec un manteau de vices plus éclatant qu'autrefois la robe pourpre et or d'Alcibiade ; — et don Juan, l'ange tombé, le chercheur d'idéal,— un don Juan sorti, tout armé de séductions, de l'imagination du poëte, —avec le plus royal cortége d'amours et de leurres, — d'ivresses et de souffrances, — de crimes presque innocents et de cruelles rédemptions,, dont la dernière est la mort par la douleur.

> Plus vaste que le ciel, et plus grand que la vie,
> Tu perdis ta beauté, ta gloire et ton génie
> Pour un être impossible et qui n'existait pas.

Nous n'avons jamais lu ces vers sans y songer comme à une épitaphe qui manque sur la tombe d'Alfred de Musset.

Et, en vérité, n'est-ce pas la sienne?

X

Hélas! il y avait dès lors un de Musset qui était bien mort : c'était le Chérubin de l'*Andalouse*. Il aura encore ses chansons d'amour, mais vous verrez plus tard la différence. Au reste, ne nous en plaignons pas, — pour le poëte du moins ; — il a bu le lait du fort,

un lait amer qui empoisonne lentement, mais qui se-
coue tout d'abord le génie, comme certains poisons la
vigueur du corps, et il l'a bu aux mamelles de la vie et
de l'expérience. Il a mûri, il a grandi; il y a presque
métamorphose. C'est un séraphin noir qui emporte la
douleur dans un ciel enténébré de néant. Quand ses ailes
seront prêtes à se fermer, il s'abattra peut-être sur la
fange où il a ramassé ROLLA ; — mais attendez : il re-
montera.

Le voilà donc ce poëme qui a enfiévré la génération
fille de celle que *Lara* et *René* avaient énervées, —
mais d'une fièvre malsaine. Si l'effet ne fut pas aussi
prompt que celui de *Lara*, naguère, c'est que nous
naissions à peine quand *Rolla* parut ; — il n'en fut pas
moins terrible. C'est une histoire à écrire que celle de
nos colléges, quand, à quinze ans, nous lisions de
Musset derrière les platanes de nos cours aux heures
des jeux, — dans nos salles d'études et dans les classes,
derrière une pile de livres où un Virgile ouvert abusait
le maître, la nuit, à la lueur sombre du quinquet de nos
dortoirs; mais où ne lisions-nous pas? Puis, quand une
cloche maudite, seul trouble-fête auquel il nous fût difficile d'échapper, nous arrachait à notre joie secrète, nous
cachions le livre bien aimé sur notre poitrine en
nous regardant tristement l'un l'autre, — comme font
deux victimes sacrifiées au même moment.

Mais de tous les héros d'Alfred de Musset, de toutes
ces ombres qui passaient à travers nos rêves, notre
idéal de vie, — à nous qui étions nés le cœur ouvert

à toutes les corruptions, — il faut le dire, c'était Jacques Rolla.

> . . . . . . Jamais, dans les tavernes,
> Sous les rayons tremblants des blafardes lanternes,
> Plus indocile enfant ne s'était accoudé
> Sur une table chaude ou sur un coup de dé.

Et voilà pourquoi nous l'aimions de toutes les forces de l'imagination dépravée de nos seize ans, et nous étions résolus à le suivre sur cette grande route faite par les siècles entre les deux sentiers du vice et de la vertu « dont il ne reste rien. » Quelques-uns l'ont suivie en effet, — malheureusement jusqu'au bout, — et nous les avons vus tomber comme lui (1).

Nos colléges alors, — que sont-ils devenus depuis? — ne valaient pas mieux que du temps de l'*Enfant du siècle*. L'impiété , — cette autre débauche de l'esprit, — nous gangrenait pour la plupart : plus d'un écolier aurait marché sur la Croix. Aussi, quel écho sonore répéta les deux vers du premier chant, — si éclatant du reste de poésie :

> Je ne crois pas, ô Christ ! à ta parole sainte :
> Je suis venu trop tard dans un monde trop vieux.

et tous les autres vers de cette apostrophe peut-être trop vantée?

---

(1) Nous n'écrivons en ce moment que la plus entière vérité. Plus d'un, parmi nous, a lu de Musset trop tôt, et, faute de le comprendre, s'est empoisonné d'avance avec *Rolla*.

Nous ne prenions pas garde que celui qui les écrivait, le soir d'une de ces tristesses mortelles qui nous font tournoyer sur le gouffre du doute, avait pourtant dans le cœur le profond sentiment religieux; sans lequel il n'y a point de vrai poëte. Et fallait-il chercher si loin? Cet incrédule n'était-il pas illuminé de la foi, qu'il renie, lorsqu'il s'écrie, dans ce même poëme, avec l'accent d'un apôtre:

Cloîtres silencieux, voûtes des monastères,
C'est vous, sombres caveaux, vous qui savez aimer.
Ce sont vos froides nefs, vos pavés et vos pierres,
Que jamais lèvre en feu n'a baisés sans pâmer.
. . . .
Trempez-leur donc le front dans les eaux baptismales.
Dites-leur donc un peu ce qu'avec leurs genoux
Il leur faudrait user de pierres sépulcrales,
Avant de soupçonner qu'on aime comme vous!
Oui, c'est un vaste amour qu'au fond de vos calices
Vous buvez à pleins cœurs, moines mystérieux!
La tête du Sauveur errait sur vos cilices
Lorsque le doux sommeil avait fermé vos yeux,
Et, quand l'orgue chantait aux rayons de l'aurore,
Dans vos vitraux dorés vous la cherchiez encore.
Vous aimiez ardemment! oh! vous étiez heureux!

Et, s'il faut sortir du poëme, ne trouvons-nous pas ailleurs la belle prière de l'*Espoir en Dieu* et la lettre à de Lamartine?...

On a dit, et l'on répète encore, que dans *Rolla* le talent d'Alfred de Musset est en pleine floraison. —

Nous ne nierons point qu'il y ait épanouissement; —
loin de là, nous serons des premiers à le reconnaître.
Mais nous devrons ajouter que, malgré cela, la séve
jaillissant, débordant de cette écorce de poëte, crevée
en maint endroit, *Rolla* n'est qu'un poëme ardemment rêvé, — non *réalisé;* commencé, — non achevé.
Jacques n'est qu'à demi ce qu'on a voulu le faire:
l'*Enfant du siècle.* Le poison romantique de 1828 a
gâté la fin de ce débauché. On a en soi bien d'autres
poisons, par lesquels on aime mieux se laisser plus
lentement torturer, — lors même que l'on a dépensé
la dernière pistole de ses trois bourses d'or, — dans
ces jours de mort où l'ennui seul tue si vite. Puis nous
sommes si faibles, — il faudrait peut-être dire si
lâches, — que le moindre brin d'amour, — le brin
d'amour de Marion, — nous rattache à ce que nous
voulions quitter!

Voilà pour le fonds du poëme. Mais qu'on y soit emporté par de sublimes coups d'ailes, — ce n'est pas
nous qui le discuterons. Alfred de Musset est désormais
un grand poëte, et quoiqu'il doive être plus parfait
tout à l'heure, il peut déjà mourir sans craindre l'oubli
des générations qui naissent: il a écrit *Rolla.*

Le croirait-on? De Musset, qui était parti seul d'Italie, avec le mépris de Lélia, renoua avec elle l'amour
brisé, dès qu'elle l'eut rejoint à Paris, — après une
première et terrible entrevue dont les violences ne
s'écrivent point. Quant à elle, toujours étrange de con-
tradictions, ce fut aussi son caprice de revenir à lui.
Non-seulement elle le souffrait débauché, mais elle
l'aimait ainsi ; et cette femme, qui a joué depuis à la
chasteté violée, s'immolait volontiers sur cet autel de
boue et d'or qui est celui de la débauche sculptée par
l'imagination.

Combien ce nœud de la passion, si serré d'abord, si
lâche ensuite, heureusement brisé et malheureusement
refait et resserré, résista-t-il à cent folies, autant de lames
capables de le trancher, nous l'ignorons. Ce que nous
savons, c'est qu'Alfred de Musset, après une dernière
rupture, ne rompit pas du moins la chaîne du souvenir,— chaîne d'or pour quelques heureux, qui fut une
chaîne de fer pour lui. Cet homme éprouvé, blessé,
meurtri, se plut même à la porter comme un enfant,
— avec des plaintes, des gémissements et des larmes.

Un jour, — le Temps, ce médecin vanté de l'amour
supplicié, avait pourtant passé dans son cœur, — un
vieil ami du poëte, Ulric Guttinguer, frappe à la porte

entr'ouverte de l'amant de Lélia ; personne ne répond. Il frappe encore ; nouveau silence. Silence ? nous nous trompons, car des sanglots mal étouffés arrivent à lui. Alors, poussant légèrement la porte, il voit de Musset accoudé sur une table, la tête dans ses mains et les doigts crispés dans les mèches ondées de ses beaux cheveux blonds dont il prenait tant de soin, et qu'il conserva beaux et blonds jusqu'à sa mort. Puis les sanglots redoublent.

Le bruit d'un pas fait enfin se retourner le poëte.

— Ah ! c'est vous ! s'écrie-t-il en se levant, et il s'élance vers l'ami dont il avait naguère désiré les douleurs, quand il lui écrivait :

> Mais laisse-moi du moins regarder dans ton âme
> Comme un enfant craintif se penche sur les eaux ;
> Toi, si plein, front pâli sous des baisers de femme,
> Moi, si jeune, enviant ta blessure et tes maux.

Il avait vieilli, il saignait, il souffrait à son tour ; mais Ulric Guttinguer demandait en vain quelle nouvelle goutte de poison brûlant avait enflammé et envenimé sa blessure. Alfred de Musset était suffoqué ; les larmes lui étranglaient la voix, et ce n'est qu'un moment après que purent s'échapper ces mots haletants :

— Cet oiseau,... qui me venait d'elle,... il est mort !

Et il désignait à Guttinguer une cage posée sur la table, et où gisait un serin, les pattes en l'air et la tête cachée sous son aile jaune.

Pauvre de Musset ! voilà pourtant ce qui lui restait de sensibilité lorsqu'elle aurait dû être si bien émoussée, — lorsque chaque jour, dans ce temps, elle était frottée sur les dents de scie du libertinage.

Car il était devenu vraiment débauché dans sa vie, ce Rolla ! Y a-t-il là de quoi tant étonner, — et nous ajouterons même, sans vouloir lancer un paradoxe, — existe-t-il un poëte sans libertinage ? — Si le monde n'était pas le bourbier que nous connaissons, on serait sans doute à moins un poëte, c'est-à-dire une imagination, un esprit, qu'on pourrait alors appeler *un pur esprit*, ainsi qu'on définit l'ange dans notre religion catholique, — un poëme de vérité, celui-là, qui, par sa pureté, n'aurait jamais été l'œuvre d'un homme. Mais nous naissons sur le fumier, comme certaines fleurs, et c'est là que notre existence doit s'épanouir. Heureux nous sommes quand, y trouvant quelque gravier, nous pouvons l'emporter dans la rosée et la lumière du ciel, et redescendre jetant une perle irisée à la foule surprise. Il n'en est pas moins vrai que nous redescendons, et comme *la folle du logis*, lorsqu'elle ne peut s'élever, ne mène pas moins son train en bas qu'en haut, elle s'évolutionne dans la boue et nous y roule avec elle. Ce qui la sauve, c'est qu'elle ne croit pas y être, — sans cela elle s'y anéantirait, — et seul l'être matériel sent bien où il se trempe. Certes, il fut, et il est encore peut-être, des privilégiés dont l'imagination flotte sans cesse dans l'éther du mysticisme, mais leur poésie est si peu humaine que les poëtes eux-mêmes ne la comprennent pas, et ils appartiennent à un monde futur comme les paroles qu'ils nous apprennent, et que nous arrivons à peine à bégayer.

Eh bien! si notre nature même nous force à ramper trop souvent sur la matière, que voulez-vous qu'il advienne de celui qui a voulu enlever de terre l'amour humain et s'est vu retomber avec lui, épuisé et brisé, dans la fosse commune de la vie? L'énergie lui manque désormais pour arracher son esprit à la réalité autour de laquelle il s'enroule, et si le poëte peut encore s'échapper du monde, l'homme y demeurera et usera plus que jamais des caprices du poëte pour donner quelque saveur à l'insipide vulgarité de l'existence. Voilà pourquoi les poëtes ont le génie du libertinage. Ils boivent la débauche dans une coupe d'or ciselée par la fantaisie à la Benvenuto Cellini, et ils mêlent à son breuvage tous les philtres de cette sorcière d'imagination.

XII

Penserait-on cependant qu'un libertin a écrit l'élégie de *Lucie*, si fraîchement mélancolique, si purement rêvée, qu'on la croirait de quinze ans, comme le souvenir dont elle est embaumée? Soupçonnerait-on surtout que le souffle de l'Alfred de Musset que la Muse vient baiser au front dans *les Nuits*, est le souffle d'un débauché dilaté par l'air du vice? Non certes; et c'est cette étonnante virginité de pensée, cette incroyable pureté de cœur dans le rêve, qui nous ont fait dire en commençant que le poëte, sinon l'homme, — et que fait l'homme devant la mort, cette vie de l'âme? — se coucha à sa dernière heure *dans la robe blanche d'une mystérieuse chasteté.*

Ah! *les Nuits!* c'est là vraiment qu'il soupire, qu'il palpite et qu'il pleure, le grand poëte! Nous les avons presque oubliées aujourd'hui, nous, les corrompus dont les soupirs sont des râles abjects, — dont le cœur bat à peine, — dont les paupières ont séché leurs larmes au vent du cynisme. Mais qu'un de nous reprenne le livre, seul, un soir de printemps ou d'été, dans le demi-silence de la nature assoupie, dans ce demi-silence où le lointain a des bruits vagues, comme notre passé, — en face d'un ciel d'argent dont les nuages passent voilés, comme nos souvenirs; — qu'il le reprenne aussi par quelque soir d'hiver où la bise gémit à la porte, comme un regret, — où le ciel est noir comme le tombeau de l'avenir au fond duquel nous allons descendre, et s'il prétend n'avoir rien senti, ni sa main trembler en tournant les pages, — ni sa poitrine se serrer, — ni ses genoux fléchir, — nous lui répondrons qu'il veut nous tromper ou qu'il ne nous reste qu'à le plaindre.

Poëte, prends ton luth et me donne un baiser;
La fleur de l'églantier sent ses bourgeons éclore,
Le printemps naît ce soir; les vents vont s'embraser,
Et la bergeronnette, en attendant l'aurore,
Aux premiers buissons verts commence à se poser.

. . . .

Poëte, prends ton luth : la nuit sur la pelouse
Balance le zéphyr dans son voile odorant ;
La rose, vierge encor, se referme jalouse
Sur le frelon nacré qu'elle enivre en mourant.

La reconnaissez-vous la muse rayonnante et parfu-
mée de la *Nuit de Mai ?* Elle est jeune, — elle est
belle : c'est la *maîtresse* et la *sœur*. — La sœur, vous
venez de l'entendre ; — la maîtresse, écoutez-la :

Poëte, prends ton luth : le vin de la jeunesse
Fermente cette nuit dans les veines de Dieu.
Mon sein est inquiet ; la volupté l'oppresse,
Et les vents altérés m'ont mis la lèvre en feu.

Et elle veut chanter « devant Dieu, » — « partir
dans un baiser pour un monde inconnu. » Que ne pouvons nous la suivre ici-même, jusqu'au moment où
elle jette à son pauvre endolori la belle comparaison
du poëte au pélican apportant, de l'Océan vide, son
cœur pour toute nourriture à ses petits affamés.

Poëte, c'est ainsi que font les grands poëtes,
Ils laissent s'égayer ceux qui vivent un temps ;
Mais les festins humains qu'ils servent à leurs fêtes
Ressemblent la plupart à ceux des pélicans.

Hélas ! c'est peu que de citer quatre vers quand il y
aurait deux pages à transcrire ; mais se laisserait-on
aller à l'admiration qu'il faudrait tout prendre.

3

Si cette vision de Mai enivre, il n'est pas d'homme,
qu'il ait vingt ans ou cinquante, — qui ne tressaille à
la *Nuit de Décembre*. Ne l'avons-nous pas tous vu, —
dès que nous avons vécu, et en même temps souf-
fert, le spectre noir, qui traverse la vie, à chaque
heure, depuis la veille de collége dans la salle solitaire,
jusqu'au jour où il s'asseoit sur la pierre de notre
tombe? — Eh! qui sait à combien de nous il apparut
aussi PAR UNE TRISTE NUIT, — combien, mon Dieu!
furent surpris par cette ombre fraternelle dans l'atti-
tude cruelle que nous peint de Musset :

> Je regardais une place chérie,
>   Tiède encor d'un baiser brûlant;
> Et je songeais comme la femme oublie,
> Et je sentais un lambeau de ma vie
>   Qui se déchirait lentement.

Arrêtons-nous. — C'est assez d'effleurer cette *Nuit*
qui restera comme un des premiers chefs-d'œuvre de
la poésie. — Elle ne s'analyse pas, — elle se lit, —
et encore ne doit-elle se lire que face à face avec le
fantôme de *la Solitude*.

Une légende de la Vendée raconte que, par les nuits
claires, on voit flotter sur la terrasse d'un vieux châ-
teau une ombre blanche de jeune fille, morte d'amour,
du temps de très-hauts et très-puissants seigneurs,
ducs de la Trémoille, princes de Talmont. — Elle
porte la mante du moyen âge, et on la nomme *la da-
moiselle au blanc mantel*. Nous avons toujours songé à

cette légende, — qu'on nous le pardonne, elle est de
notre pays, — en voyant la Muse de la *Nuit d'Août*
descendre de son ciel étoilé pour chanter et pleurer sur
les ruines de l'amour du poëte. — Ecoutez : — n'est-ce
pas elle, la vierge abandonnée, qui ne se lasse point de
revenir ?

Le bonheur m'a quittée, et j'attends en silence
L'heure où m'appellera mon ami bien-aimé.
Hélas! depuis longtemps sa demeure est déserte;
Des beaux jours d'autrefois rien n'y semble vivant.
Seule, je viens encor, de mon voile couverte,
Poser mon front brûlant sur sa porte entr'ouverte...

Mais elle trouve son poëte se rattachant au rameau
de l'espérance. — Il a, de son regard mélancolique,
embrassé la nature, — cette grande consolatrice; —
il y a supris la vie auprès de la mort; — il a vu qu'une
fleur flétrie n'empêchait pas le bourgeon de verdir à
côté d'elle; — il a compris, enfin, qu'aux plus vives
douleurs il est un baume céleste :

Quand j'ai traversé la vallée,
Un oiseau chantait sur son nid.
Ses petits, sa chère couvée,
Venaient de mourir dans la nuit.
Cependant il chantait l'aurore;
O ma muse, ne pleurez pas :
A qui perd tout Dieu reste encore,
Dieu là-haut, l'espoir ici-bas.

Quand on a lu ces vers on n'a aux lèvres et au bout de la plume que l'exclamation de Charles X à Victor Hugo :

— O poëte !

L'ombre de la *Nuit d'Octobre* est le dernier linceul jeté sur l'amour d'Alfred de Musset. — Après avoir maudit, il veut oublier ; — et en oubliant, il veut pardonner.

> Pardonnons-nous ; je romps le charme
> Qui nous unissait devant Dieu.
> Avec une dernière larme
> Reçois un dernier adieu.

Hélas ! lorsqu'on pleure, l'adieu n'est pas éternel, — et l'oubli encore moins : la suite ne l'a que trop prouvé.

Les voilà ces *Nuits* que nous regardons comme les plus pénétrantes inspirations de de Musset, — comme celles où le poëte a donné tout entière la note de son génie et de son cœur. — A propos des *Nuits*, on a prononcé et on prononce encore le nom de Chénier ; quelques vers de la première surtout en ont éveillé le souvenir. — Nul n'a plus que nous une juste admiration pour Chénier, — quoiqu'on ait parfois le tort de faire de lui un poëte d'haleine quand il n'était encore qu'un grand poëte par fragments ; — mais nous ne consentirons pas à ce que, pour huit vers descriptifs à la manière du regrettable guillotiné, l'on semble donner un maître à de Musset, là où il n'est gouverné que par un sentiment intime, qui jamais ne fut aussi intimement traduit. — La corde de cette lyre, — puisque lyre il y a, — n'était certes pas neuve : Lamartine en avait tiré nombre de sons vagues comme les accords d'un luth éolien; — Victor Hugo l'avait usée sous ses doigts; — Alfred de Musset seul la rendit profondément et *universellement* humaine dans ses vibrations.

XIII

La lettre à M. de Lamartine, — par la pensée, sinon par la forme, — pourrait être comptée parmi les *Nuits.* — Ne sont-ce pas mêmes souvenirs, — mêmes regrets, — mêmes souffrances? — Il y a plus : n'est-ce pas aussi l'histoire d'une nuit?

Le poëte des *Méditations* resplendissait de toute la gloire qui, vingt ans auparavant, illuminait Byron. — De Musset voulut que l'amant d'*Elvire* entendît de lui un sanglot fraternel, — et il écrivit cette épître toute pleine des tendresses de son âme, — de son âme dont il crie cinq fois l'immortalité en répétant ce que lui ont appris les anges de douleur.

M. de Lamartine a prétendu depuis que certaines circonstances, par lesquelles il était alors emporté tout entier, — cet homme a toujours été emporté par les circonstances ! — ne lui permirent pas de lire ces vers dont il entendait vaguement parler. — Il les connut plus tard, — car on trouve sa réponse, datée de 1840, dans une édition luxueuse de ses poésies, dont une partie est enfermée dans ce titre : *Méditations inédites.* — Nous devons avouer que cette réponse est telle, qu'il serait à désirer que Lamartine eût imité Byron, qui, lui, ne répondit rien au jeune enthousiaste de la deuxième *Méditation :* — il est presque certain qu'il ne la lut même pas.

Bulle d'air coloré dans une bulle d'eau.

Voilà comment est défini par le poëte d'*Elvire*, ce grand poëte d'amour qu'est Alfred de Musset. — Il n'a pas, du reste, été mieux compris dans les *Entretiens* du Lamartine d'aujourd'hui. — On a voulu voir la jalousie dans ces appréciations tout au moins légères ; — quant à nous, nous n'en croyons rien, — et la cause nous paraît plus simple de cette injustice d'un poëte qui est assez grand pour n'avoir pas le droit d'être jaloux. — Alfred de Musset était doué du génie le plus français de notre temps, et, ce génie-là, M. de Lamartine, qui ne l'a pas, n'en a jamais senti ni le charme, ni la puissance. — Il a craché tout son mépris sur Rabelais, — il a souffleté La Fontaine, — il a traité le dernier en niais qui n'a même pas un talent de niais. Comment voulez-vous qu'il parle après cela du poëte et du conteur qui avait hérité de la grâce et de l'esprit de La Fontaine ? — Il ne lui appartenait pas plus de le juger qu'à sa statuette de plâtre à lui-même, — le successeur du poëte des *Nuits* au fauteuil académique, — M. Victor de Laprade. — La critique de l'un peut être une bulle d'eau colorée ; — la critique de l'autre n'est qu'une bulle d'air sans couleur : — toutes les deux crèvent d'elles-mêmes.

De Musset faillit à cette époque ressaisir la vie qui lui échappait : il se surprit à aimer encore, — et c'était d'un autre amour, — du seul vrai peut-être qu'il ait connu. — Il s'éprit de la Malibran, et l'adorable comédienne nous aurait sans doute sauvé le poëte que nous allions perdre, si la mort n'avait pas été prête à nous la ravir elle-même. — Oui, de Musset avait un soir suspendu son âme aux lèvres de cette inspirée, — et la lui aurait laissée sans le cruel lendemain. — Nous le dirions encore, n'aurions-nous pour preuve que ses cris sur le cercueil déjà fermé.

> O Ninette ! où sont-ils, belle muse adorée,
> Ces accents pleins d'amour, de charme et de terreur,
> Qui voltigeaient le soir sur ta lèvre inspirée,
> Comme un parfum léger sur l'aubépine en fleur ?
> Où vibre maintenant cette voix éplorée,
> Cette harpe vivante attachée à ton cœur ?

Il y a là, et dans beaucoup d'autres vers que nous pourrions citer, — moins que des vers mêmes, de simples exclamations, — plus que l'admiration et le regret de la grande artiste ; — et ceux qui ont gémi sur la perte d'un rêve bien-aimé, à peine commencé, — ne se tromperont pas à cet accent. — Mais ne nous dit-il pas lui-même ce qu'il pleurait !

C'est ton âme, Ninette, et sa grandeur naïve,
C'est cette voix du cœur qui seule au cœur arrive,
Que nul autre après toi ne nous rendra jamais.

Et son cœur, à lui, déborde ainsi jusqu'à la fin, — jusqu'à la dernière strophe, où le poëte, en même temps que l'homme, jette son dernier cri :

Et puisque tôt ou tard l'amour humain s'oublie,
Il est d'une grande âme et d'un heureux destin
D'expirer comme toi pour un amour divin.

Comme à tout esprit capable, malgré ses trébuchements, de monter parfois au-dessus de la vie, la douleur de ce qu'il connaissait trop, donna des ailes à de Musset pour s'élever vers le grand INCONNU, — et l'incrédule d'*un monde trop vieux*, poussant du pied toutes les chimères de la philosophie comme des herbes arrachées et flétries, — chanta la prière de l'*Espoir en Dieu*. Elle serait à citer tout entière, — une citation est la meilleure critique des poëtes ; — qu'il nous soit permis, du moins, d'en rappeler les derniers vers.

. . . .

Et dans cet hosanna suprême,
Tu verras, au bruit de nos chants,
S'enfuir le doute et le blasphème,
Tandis que la mort elle-même
Y joindra ses derniers accents.

Après l'*Espoir en Dieu*, le de Musset de long souffle expire. — Nous aurons à peine le temps de surprendre souvent une larme, — tant elle coulera vite, — mais ce seront encore les yeux d'un grand poëte qui l'auront pleuré.

XIV

Nous allons avoir tôt achevé cette étude : le poëte n'a plus longtemps à vivre, et, quant à l'homme, son existence sera presque vide désormais. Ah ! c'est qu'il a tant changé le charmant Alfred de Musset que la valse emportait à l'Arsenal, tandis qu'il emportait lui-même dans ses bras une valseuse jalouse de fixer, avec l'épingle d'or de la coquetterie, ce beau papillon de vingt ans aux dentelles de sa robe ! — Plus d'Andalouse ! plus de marquise ! plus de comtesse Juana ! Il verse le rhum dans la bière au café d'Orsay pour chasser, par les rêves de l'ivresse, le rêve du souvenir, — chauve-souris qui voletera toujours dans l'ombre de sa vie. Au lieu de la Julie d'autrefois, il suit la Julie du carrefour, — au lieu même de la Marion de Rolla, les Marions vieillies, fanées, fardées, décrépites, crépies, teintes et éteintes. — L'ennui est son entremetteur. — Un ami du poëte, venant le visiter un soir d'hiver, le trouve en robe de chambre et en pantouffles. — Un grand feu flambe dans la cheminée, et tout auprès une table de travail, chargée de livres et de papiers, a été disposée. — De Musset quitte son fauteuil et dénoue les cordons de sa robe de chambre.

— J'allais sortir, dit-il, quoique rentré à peine. — Je m'étais promis une soirée et même une nuit entière de rêverie et de poésie; — eh bien, le courage me manque : je bâille à bras tendus.

— Pourquoi sortir, demande l'ami, quand on est si bien installé ?

— Bah ! mon cher, je vous le dis, je m'ennuie, et la poésie alors ne vaut pas *les filles.*

Alfred de Musset va bientôt passer le Pont-Royal et s'empoisonner d'absinthe à *la Régence;* puis, un soir, il entrera dans un bouge, et, au milieu d'une folie muette, impassible, il incendiera pour la première fois les rideaux de mousseline. — Oui, on a de la peine à tout confesser, et les froides orgies, et les rages de libertin, et les cannes brisées sur les épaules de femmes ; mais tout cela n'était que l'homme factice, tout cela on le lui pardonne (les poëtes surtout qui le comprennent), car il y avait un autre homme plus vrai, plus délicat, plus sensible et digne d'être aimé.

Qui de nous ne se rappelle les beaux vers du *Souvenir ?* Nous pouvons en parler dès cette heure : il est maintenant inutile de suivre le poëte pas à pas. Qui de nous aussi n'a senti qu'il y avait là un secret du cœur, secret qui en reste presque toujours un pour ceux qui croient être le plus sûrs de lui. Lélia n'est pas le *sépulcre blanchi* qui fait gémir le poëte : elle ne peut pas l'être. Voici ce que nous devons raconter, après certains témoignages recueillis, à l'honneur d'Alfred de Musset et pour la vérité.

De Musset avait passé deux ou trois ans de sa jeunesse, — quand il tentait des études de droit et de médecine qu'il n'eut pas le courage d'achever, — dans le quartier où la jeunesse et les amours, à ce qu'il semble, fleurissaient encore aux fenêtres de la rue de la Harpe. Comme tout est mort depuis ! Là un de ses premiers caprices d'adolescent passionné s'abattit sur une grisette et l'emporta avec le premier souffle de l'été dans les bois d'Enghien ou de Montmorency. Puis, un jour, le caprice laissa tomber sa proie, ou peut-être cette proie lui échappa-t-elle.

Les années s'écoulèrent ; toute une vie avait englouti ce souvenir sous sa marée montante, où bien d'autres perles que celle-là avaient été ensevelies. Un soir, de Musset s'égare dans un salon de débauche. La fillette d'autrefois y trône dans le satin rose, du rouge sur le visage, de la poudre sur les épaules. Il l'aperçoit, il la reconnaît, et.... on l'enlève, tombé évanoui sur le seuil de la porte.

C'est frémissant encore de cette impression qu'Alfred de Musset revit les bois où avait verdi un rameau de sa jeunesse, et il écrivit *le Souvenir*. Voilà comment s'expliquent deux ou trois strophes, parmi les dernières, que, faute de cette anecdote, on ne saurait trop comprendre. C'est donc pour une amourette de dix-huit ans, pour une grisette devenue infâme et infime courtisane, que le poëte a trouvé ces accents de mélancolie

pénétrante, ces cris de regret d'une âme blessée qui a
en soi sa consolation suprème.

> Je ne veux rien savoir, ni si les champs fleurissent,
> Ni ce qu'il restera du simulacre humain,
> Ni si ces vastes cieux éclaireront demain
>   Ce qu'ils ensevelissent.

> Je me dis seulement : « A cette heure, en ce lieu,
> Un jour, je fus aimé, — j'aimais, — elle était belle :
> J'enfouis ce trésor dans mon âme immortelle,
>   Et je l'emporte à Dieu !

Il y a dans ces plaintes, dans cette tendresse infinie,
de quoi faire oublier les fautes d'un homme plus cou-
pable qu'Alfred de Musset, et, disons-le, nous compre-
nons, après cela, le mot d'un enthousiaste : « Il était
né pour porter, comme saint Jean, la tête du Christ sur
sa poitrine, et ce n'est pas lui qui fit défaut, c'est la
tête du Christ qui lui manqua. »

XV

Qu'on ne crie point au paradoxe ; il n'y a même pas
à s'étonner. Si la tête du Christ lui manque, son front,
comme celui du Fils de Dieu, porte la couronne d'épi-

nes, et il a au cœur la pointe de lance. Les gouttes de sang roulent sur son sein et tombent brûlantes dans ses strophes de mélancolie et de désespoir. A force d'aimer et de souffrir, il nous fait jaloux de souffrir et d'aimer, et cela dans des vers égarés et souvent inconnus :

> Adieu ! je crois qu'en cette vie
> Je ne te reverrai jamais.
> Dieu passe, il t'appelle et m'oublie ;
> En te perdant je sens que je t'aimais.

Non, de Musset n'est pas, comme l'a écrit M. de Lamartine, le poëte de la *jeunesse folle*, de la *jeunesse dorée*. Cette jeunesse-là, nous l'avons traversée, il est vrai, en chantant l'*Andalouse*, naïfs chérubins que nous étions minaudant *la romance à Madame;* mais le véritable, le grand poëte, il ne nous a été révélé que plus tard ; nous ne l'avons vu qu'au soleil couchant de l'espérance, après nos vingt ans enfuis avec l'hirondelle de l'illusion ; nous ne l'avons aimé, comme il aimait don Juan, comme le vieux Blondel aimait son pauvre roi, que lorsque la « flèche empennée » qui l'avait percé nous a aussi atteints. Alors seulement nous avons découvert les trésors de cet écrin de la souffrance, versé le même sang et pleuré les mêmes larmes. Hélas ! il faut ajouter qu'ils ont vécu vite, trop vite, ceux qui ont senti bientôt un écho dans leur cœur pour certains vers du désespéré, et des plus beaux, qui nous rappellent une curieuse anecdote.

De Musset, depuis le collége, vivait intimement avec Alfred Tatet, un spirituel dandy, qui ne se contentait pas d'être riche ét fou et se montra ami dévoué et valeureux. Le poëte avait dans l'hôtel du célèbre extravagant, quoiqu'il ne l'habitât pas, une chambre toujours prête à le recevoir, et il profitait parfois de cette charmante hospitalité.

—. Que tout papier, avait dit M. Tatet à son domestique, que tout papier, même en morceaux, trouvé dans la chambre de M. de Musset, me soit aussitôt remis à moi-même.

Un soir donc, de Musset, ivre d'absinthe, et peut-être de libertinage, s'installait devant la table où une plume l'attendait. Le lendemain, on apportait à l'ami du poëte un papier froissé dans la main, écrasé sous le pied, ramassé sur le parquet, et savez-vous ce qu'il put lire ?

> J'ai perdu ma force et ma vie,
> Et mes amis, et ma gaîté.
> J'ai perdu jusqu'à la fierté
> Qui faisait croire à mon génie.
>
> Quand j'ai connu la Vérité,
> J'ai cru que c'était une amie.
> Quand je l'ai comprise et sentie,
> J'en étais déjà dégoûté.
>
> Et pourtant elle est éternelle,
> Et ceux qui se sont passés d'elle
> Ici-bas ont tout ignoré.
>
> Dieu parle ; il faut qu'on lui réponde.
> Le seul bien qui me reste au monde
> Est d'avoir quelquefois pleuré.

Voilà donc la fin du poëte ! Et celui-là, soyez-en sûrs, il ne vous trompe pas ; il n'écrit que dans les fièvres de l'esprit et du cœur, lorsque sa tête brûle sous la langue de feu de l'inspiration.

Nous n'avons pas fait remarquer encore cette grande qualité d'Alfred de Musset ; il ne chante que lorsque vibre malgré tout la *harpe vivante* qu'il a, lui aussi, *attachée à son cœur*. Il est bien le poëte de *Après une lecture ;* il s'y est peint en pied.

Plus fou qu'Ophélia de romarin coiffée.

Lui, il est coiffé de myrte, — et c'est ce qui double sa folie. Il a entendu toutes les voix mystérieuses de la Nuit, — il a vu

. . . . . dans l'aurore empourprée,
Flotter, les bras ouverts, une ombre idolâtrée.

et c'est alors qu'il a écrit d'une plume brûlante, qui étincelle, — même trempée dans les larmes. — Il ne « ravaudait » ni les « oripeaux » du sentiment, ni ceux de la rhétorique, et voilà peut-être comment il ne traîna pas, — le maladroit ! — jusqu'au Père-Lachaise « tous les sots d'ici-bas. »

Il ne les traîna guère non plus pendant sa vie. Alfred de Musset demeura même longtemps le poëte des boudoirs aristocratiques de la littérature et de la poésie : rien de plus. — La foule, qui avait la bouche pleine de deux ou trois noms, ne prononçait pas le sien (1). Il fallut qu'une comédienne en train d'exploiter les admirations de Saint-Pétersbourg eût la fantaisie de jouer une comédie en prose (*le Caprice*) de l'auteur des *Nuits*, et la fit, à son retour, entrer triomphante au Théâtre-Français, pour que de Musset naquît à la renommée. Une partie de l'Académie elle-même ignorait qu'il existât, et, grâce peut-être à la seule madame Allan, il n'a pas été abandonné au quarante et unième fauteuil des gloires posthumes (2). Lui qui disait bien haut : « Un poëte ne doit écrire en prose que par besoin d'argent, » c'est à la prose qu'il dut d'abord toute réputation et tout honneur.

XVI

Alfred de Musset, trop peu d'années avant sa mort,

(1) L'impopularité est presque toujours une preuve de talent élevé. La popularité, — horrible mort ! — ne monte pas plus haut que le ruisseau de la rue, et quand elle nous prend, c'est que nous avons descendu vers elle. Dès lors, procès jugé.

(2) Quel éclat de rire pour les moqueurs de bon goût, si de Musset était mort à la porte de l'Académie, quand M. de Laprade était prêt à entrer, et cela, dans la même moitié de siècle où M. Jules Sandeau s'asseoit dans un fauteuil dont Balzac n'a pas été jugé digne !

devint en effet académicien. Ce ne fut pas sans peine.
L'Académie, toujours aveugle, comme la Fortune, lui
avait deux fois préféré des gens que leur célébrité mo-
mentanée ne nous a pas empêchés d'oublier. Il est vrai
qu'elle avait peur de cet extravagant qui vivait, certains soirs, plus millionnairement que le baron de Roth-
schild, ayant une loge dans chaque théâtre, et y appa-
raissant en dandy avec des pointes de diamant au ruban
rouge de sa boutonnière. —Enfin, il eut, pour la troi-
sième fois, le courage des visites, et fut reçu au nombre
de ceux qu'il avait parfois si cavalièrement cravachés.
Qu'on ne lui reproche pas trop d'avoir mis un jour des
gants jaunes ou blancs pour frapper à la porte de l'Académie : il s'en est bien vengé, et ce railleur, qui récla-
mait un verre d'absinthe pour remplacer le verre d'eau
traditionnel, —à l'heure de sa réception, —les a teints,
dans son discours même de la plus noire impertinence.

A cette époque, de Musset n'écrivait plus ; il affectait
même le dégoût de la poésie.

— Dites-moi des vers, lui demandait Adolphe Dumas,
un poëte mort en poëte lui aussi, il y a un mois à peine.

— Des vers ! Pouah ! fit de Musset. Est-ce que j'en
fais !

Ses derniers sont datés de 1851. Jusqu'à cette triste
année qui emporta le poëte tout entier, et presque
l'homme, il eut encore l'aigrette de feu dans l'esprit et
l'étoile allumée au front. Il conta comme La Fontaine,
dans *Sylvie* et dans *Simone;* il trouva même un jour
sous sa main « le fouet de la Satire » pour cingler dans

quelques pages énergiques ce siècle d'Arlequins. Il blessa tout, voire

> Le seigneur journalisme et ses pantalonnades.

Il n'épargna personne, pas même

> . . . . Ces pauvres commères
> Qui, par besoin d'amants, ou faute de maris,
> Font du moins leur besogne en pondant leurs écrits.

Puis il rêva, comme lui seul a rêvé, dans des fantaisies mélancoliquement gaies, comme le *Mie Priegioni*, — les *Conseils à une Parisienne*, — *Sur trois marches de marbre rose*, — et dans des strophes filtrées par le cœur, comme celles *A mon frère revenant d'Italie*.

> Mon pauvre cœur, l'as-tu trouvé
> Sur le chemin, sous un pavé,
>   Au fond d'un verre?
> Ou dans ce grand palais Nani,
> Dont tant de soleils ont jauni
>   La noble pierre?

et dans des sonnets tristes et purs comme des fleurs d'immortelle. — Un, surtout, — semble le dernier regret, — le dernier aveu de cette âme prête à partir, — la dernière larme d'un amour impossible. — En avez-vous oublié ces quelques vers?

> Quand la pudeur, la grâce, l'innocence
> Viendraient en toi me plaire et me charmer,
> Non, chère enfant, si belle d'ignorance,
> Je ne saurais, je n'oserais t'aimer.

Après cela, il finit, — comme tout finit en France, au dire de Beaumarchais, — par des chansons.—Il est vrai que, lui, il avait aussi commencé par là.

On a beaucoup parlé des dernières années d'Alfred de Musset. Elles sont déplorables, en effet, — et il savait bien lui-même qu'elles devaient être jugées ainsi, tout en replongeant chaque jour dans la même vie.

— Vous boitez, mon cher, — lui dit quelqu'un au bras duquel il s'était suspendu au sortir de *la Régence.*

— Non pas, — répondit-il avec un regard étonné et attristé qui semblait demander : Il est donc vrai que je chancelle ?

On a raconté que de Musset eut pour maîtresse à cette époque un bas-bleu qui n'a rien négligé pour devenir célèbre : il a même voulu se crotter aussi de scandale dans le misérable procès débattu sur la tombe du poëte. — Au reste, — cette Lélia en raccourci, jalouse de la grande Lélia, — s'est montrée pour lui pleine d'indulgence et de tendresse : elle a même fait mystère, si nous sommes bien instruit, — de certain trait qui n'est plus un secret.

Alfred de Musset se trouvait un jour chez la Corinne de l'Académie française, lorsque sa fille toute jeune encore entra dans l'appartement. De Musset la regarda, et ce libertin devenu monosyllabique murmurait, en souriant d'un sourire de satyre et de cynique :

— Louis XV ! Louis XV !

La mère s'indigna,— et il fut, dit-on, vivement congédié.

Eh bien, le poëte qu'était cet homme n'était pas
étiolé, malgré tout. — Sa dernière chanson a le parfum
des fleurs les plus vivaces et les plus pures. — Nous
la savons tous, nous devons tous l'apprendre.

> Adieu, Suzon, ma rose blonde,
> Qui m'as aimé pendant huit jours.
> Les plus courts plaisirs de ce monde
> Souvent font les meilleurs amours.

Ce sont les premiers vers; toutes nos citations seront achevées avec ceux qui la finissent (1) :

> Que notre amour, si tu m'oublies,
> Suzon, dure encore un moment;
> Comme un bouquet de fleurs pâlies,
> Cache-le dans ton sein charmant.
> Adieu ! le bonheur reste au gîte,
> Le souvenir part avec moi :
> Je l'emporterai, ma petite,
>   Bien loin, bien vite.
> Toujours à toi.

XVII

La santé de cet innocent libertin était perdue. L'absinthe surtout l'avait rongé, — brûlé, — calciné. —

(1) Toutes nos citations seront achevées, quoiqu'il existe un volume intitulé : *OEuvres posthumes d'Alfred de Musset.* Il est

Seule, pourtant, dans ces jours d'épuisement, elle lui prêtait quelque force encore ; — et, — comme faisait la Malibran pour elle-même, — il regardait Alfred de Musset mourir.

Hélas ! c'est par une nuit de mai qu'il eut son agonie, le poëte de la *Nuit de mai*. Elle commença à l'heure même où la rose

> . . . . Se referme jalouse
> Sur le frelon nacré qu'elle enivre en mourant.

Mais est-ce bien agonie qu'il faut dire ? Jamais vie ne s'éteignit plus semblablement à la lampe dont l'huile est épuisée. — Ses yeux se fermèrent lentement, — lentement s'évapora son âme. C'est la vraie mort des poëtes : leur existence s'évanouit comme un rêve. — Son dernier regard put voir les « légères hirondelles » du ciel de Rolla couper de leurs ailes les lueurs de l'aurore ; — sa dernière pensée fut sans doute de s'envoler avec elles dans « ce beau ciel si pur ; » — son dernier souffle eut la douceur des souffles du printemps.

Il n'était plus, et ses amis eux-mêmes ignoraient qu'il expirât, — et quoiqu'ils s'attendissent à sa mort, ils n'y voulaient pas croire. — On a tant de peine à s'imaginer que la beauté, — la grâce, — l'esprit et la

malheureux, quand on meurt avec quelque gloire, de laisser après soi des marchands qui pilleront les vieilleries d'un portefeuille et trafiqueront de la gloire et de la mort.

folie, — tout ce qu'on a aimé, — tout ce dont on a
souri, — tout ce dont on s'est enivré, — souvent malgré soi, — s'est anéanti sans bruit, — sans secousses, —
sans plaintes! — Il n'était plus, — et les enthousiastes
de son charmant génie le cherchaient encore. — Au
reste, ce silence autour du cercueil qu'on lui clouait,
il l'avait demandé lui-même, et, certes, il fut bien
gardé.

Le surlendemain, au matin, un corbillard modeste
sortait de la rue Monthabor, et ses chevaux noirs le
traînaient de leur pas funèbre à l'église Saint-Roch. —
Quelques hommes formaient le deuil, — et la foule pas-
sait indifférente devant ce pauvre enterrement. — Où
étais-tu, jeunesse ridicule, qui t'es culbutée depuis sur
le corbillard de faux poëtes ensevelis à grands frais? —
Mais où étaient aussi ceux dont les voitures de princes
auraient accompagné le deuil? — Il est donc vrai que
la bizarrerie du destin nous suit jusqu'au cimetière?

Le soleil, du moins, fit fête au trépassé, — et ce fut
dans tout le rayonnement d'un jour de printemps qu'on
prit la route du Père-Lachaise. — Là, on traita Alfred
de Musset, au nom de l'Académie, de Chérubin et d'enfant gâté, sur le bord de sa fosse : ce fut son oraison
funèbre. — On jeta trois pelletées de terre sur le cercueil, et tout fut fini.

Mais le poëte survivait, — ou plutôt il commença
vraiment à vivre. — On le lut et on le relut, — et l'on
s'aperçut alors qu'on venait de perdre le poëte français
de notre temps.

Et maintenant, nous qui devons donner le mot d'or=

dre aux générations qui grandissent, — disons-leur bien, — quelque révolution littéraire qui puisse s'accomplir, — de saluer cette gloire tardive. — Elles le feront : nous l'espérons pour elles, — et si, par hasard, cette étude tombe entre leurs mains, elles comprendront peut-être, en même temps que le grand poëte, — le don Juan d'idéal peint par lui-même, — l'homme, victime des réalités humaines, — qui aurait pu, à son dernier jour, soupirer le mot de Desdémone : « Tuer pour trop aimer ! »

F I N.

197. — Paris: — Typographie de Poupart-Davyl et Cᵉ, rue Bac, 30.

.